Per la migliore
EDUCATRICE
del mondo!

Questo taccuino appartiene a:

....

È stata un'esperienza bellissima e piena di emozioni.
Grazie di cuore per Tutto ♡

Maria Silvia

better notes

Printed by Amazon Italia Logistica S.r.l.
Torrazza Piemonte (TO), Italy